Das alles kannst Du selbermachen:

Blumen und Bäume

1 Bunte Märchenblume
2 Meine Blumenwiese
3 Bäumchen pflanzen
– ein Spiel

Körbchen, Schachtel und Tüten

7 Henkelkörbchen
8 Die freche Schachtel
9 Freßsäckchen
und andere Tüten

Kleine Geister und Tiere

4 Die Uckis kommen!
5 Vogel, Katze und
Giraffe
6 Elefanten-Trompete

Ein Zimmerschmuck

10 Meine
Bastelbär-Wand

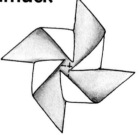

1 Bunte Märchenblume

Kreppapier in
verschiedenen Farben
Schere, Klebefilm

Schau dir mal die bunte Märchenblume aus Kreppapier auf dem 1. Foto im Heft an. So eine Blume kannst du leicht nachbasteln.
Vielleicht brauchst du eine schöne, leuchtende Blume zum Theaterspielen, zum Verkleiden oder für deine Mutter zum Muttertag.

Zuerst wird die **Blütenmitte** aus Kreppapier geschnitten, eng zusammengerollt und mit Klebefilm befestigt (Zeichnungen 1 und 2).
Für die **Blütenblätter** faltest du ein Stück Kreppapier 3mal übereinander und beschneidest es (Zeichnungen 3 – 6). Nach dem Auffalten trennst du die einzelnen Blütenblätter noch mit der Schere. Dann kräuselst du den Streifen um die Blütenmitte und umwickelst den unteren Teil fest mit Klebefilm (Zeichnungen 7 – 9).

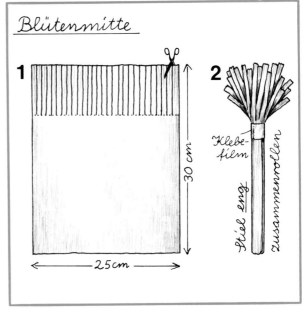

Blütenmitte

1 — 25 cm — 30 cm

2 Klebefilm Stiel eng zusammenrollen

Blütenblätter

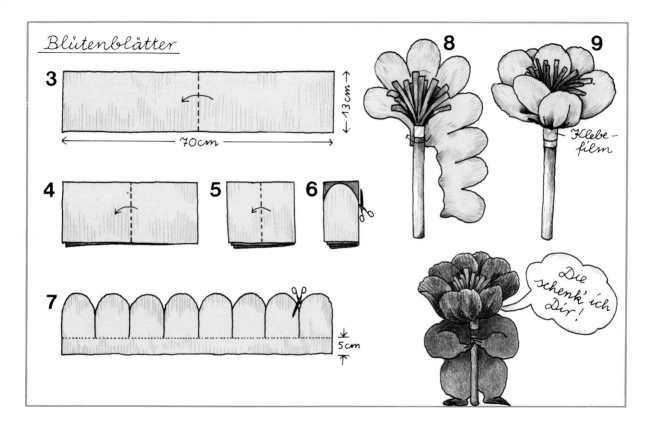

3 13cm 70cm

4 **5** **6**

7 5cm

8 **9** Klebe-film

Die schenk' ich Dir!

2 Meine Blumenwiese

**Verschiedenfarbiges Krepp- und Tonpapier
1 großer Schuhkartondeckel
Butterbrotpapier
Schere, Klebstoff**

Möchtest du ein kleiner Gärtner sein? Hier kannst du dir mit vielen verschiedenfarbigen Blumen eine bunte Wiese basteln.
Immer wieder läßt du eine andere schöne Blume in deinen Lieblingsfarben erblühen.

Auch diese Blumen haben eine **Blütenmitte**, die du nach den Zeichnungen 1 und 2 aus Krepp-papier bastelst.
Die Blütenblätter für jede **Blüte** schneidest du aus einem Stück Tonpapier, das erst gefaltet wird

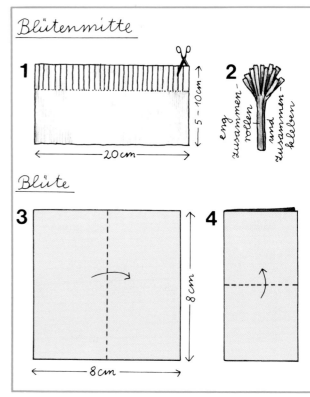

Blütenmitte

1 5 – 10 cm 20 cm

2 eng zusammen-rollen und zusammen-kleben

Blüte

3 8 cm 8 cm

4

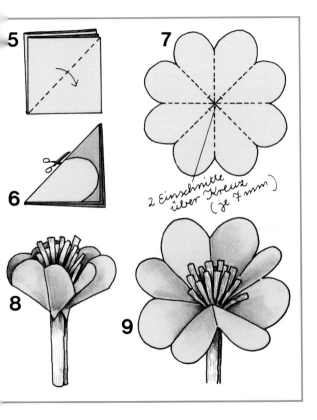

5

6

7

2 Einschnitte
über Kreuz
(je 7 mm)

8

9

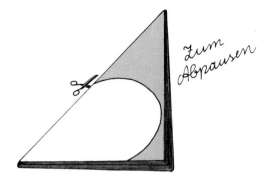

Zum Abpausen

(Zeichnungen 3 – 6). Auf das gefaltete Dreieck paust du die Schnittlinie (oben). Nach dem Ausschneiden faltest du die Blütenform auseinander. In ihre Mitte machst du 2 kleine Einschnitte über Kreuz (Zeichnung 7). Durch dieses Loch ziehst du die Blütenmitte und faltest die Blütenblätter zu einer gleichmäßigen Blüte zurecht (Zeichnungen 8 und 9).

Als **Wiese** beklebst du einen Schuhkartondeckel mit grünem Papier (siehe Foto 4 Seiten weiter). Jede Blume bekommt ihr „Pflanzloch".

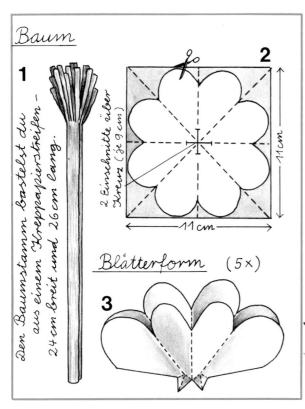

Baum

1

Den Baumstamm bastelst du – aus einem Kreppapierstreifen – 24 cm breit und 26 cm lang.

2

2 Einschnitte über Kreuz (je 9 cm)

11 cm

11 cm

Blätterform (5×)

3

Auf der Wiese steht ein Baum

So einen Baum bastelst du ähnlich wie eine Blume nach den Zeichnungen 1 – 3 nebenan aus Krepp- und Tonpapier. Auf dem „Baumstamm" verteilst du 4 – 6 Blätterformen übereinander.

3 Bäumchen pflanzen – ein Spiel

Grünes u. gelbes Kreppapier
blaues Tonpapier
1 Schuhkartondeckel
braunes Geschenkpapier
Butterbrotpapier
Schere, Klebstoff, Klebefilm

In diesem Würfelspiel kannst du dich wie ein richtiger Baumgärtner fühlen. Erst setzt du kleine Bäume in die Erde ein. Danach gießt du die Bäumchen tüchtig, damit sie auch zum Blühen kommen. Bald blüht ein ganzer Wald!

Bäumchen
Vielleicht bastelst du die Spielfiguren und das Spielfeld gleich zusammen mit 1 oder 2 Mitspielern.

Das macht mehr Spaß und geht schneller:
Aus grünem Kreppapier schneidet und wickelt ihr die Bäumchen – im ganzen 18 Stück.
Jedes Bäumchen wird am unteren Ende fest mit Klebefilm umwickelt. (Zeichnungen 1 – 3)

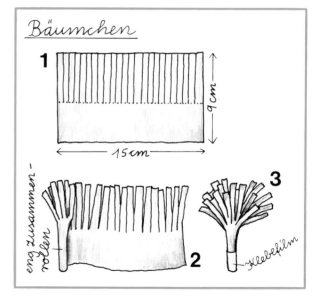

Bäumchen

1

9 cm

15 cm

eng zusammen-rollen

2

3

Klebefilm

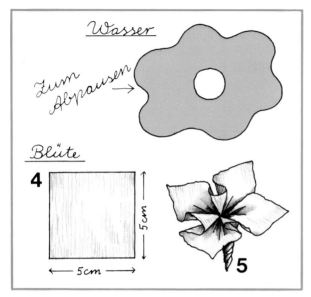

Wasser

Zum Abpausen →

Blüte

4

5cm

5cm

5

dreht ihr kleine 4blättrige Blütenformen zusammen. (Zeichnungen 4 und 5)

Spielfeld und Farbwürfel

Ein Schuhkartondeckel ist das Spielfeld. Ihr beklebt ihn mit braunem Papier und stecht 18 Löcher hinein. – Als Farbwürfel wird ein normaler Würfel mit je 2 grünen, blauen und gelben Papierstückchen beklebt.

Spielfeld und Farbwürfel

Wasser und Blüten

Paust euch die Wasser-Form 18mal auf blaues Tonpapier und schneidet sie aus.

Die 18 Blüten schneidet ihr aus gelbem Krepppapier. Von der Mitte des Papierquadrats her

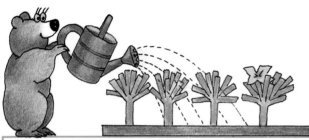

Jeder Spieler macht sich eine Liste, in der er immer ankreuzt, was er gewürfelt hat. Und das sieht so aus:

Spielregel (für 2 – 3 Spieler):
18 Bäumchen, 18 Wasserformen und 18 Blüten liegen für jeden Spieler erreichbar auf dem Tisch. Das Spielfeld mit seinen 18 Löchern ist noch leer. Beim Würfeln mit dem Farbwürfel werden nach und nach 18 Bäumchen gepflanzt: erst in die Erde eingesetzt, dann gegossen und schließlich zum Blühen gebracht. Nun wird reihum gewürfelt. GRÜN bedeutet: Nimm dir ein Bäumchen vom Tisch und setze es in ein Loch auf dem Spielfeld. BLAU bedeutet: Nimm dir ein Wasser und stecke ein noch ungegossenes Bäumchen hinein. Gibt es

kein solches Bäumchen auf dem Spielfeld, ist nichts zu tun. GELB bedeutet: Schmücke ein gegossenes Bäumchen mit eine Blüte. Ein <u>ungegossenes</u> Bäumchen kannst du <u>nicht</u> zum Blühen bringen. Wer eine Farbe würfelt, aber nichts tun kann, darf noch ein 2. Mal würfeln. Gegen Ende des Spiels wird es keine Bäumchen mehr zu pflanzen geben. Dann wird langsam auch das Wasser knapp. Aber erst wenn das allerletzte Bäumchen gegossen und erblüht ist, steht der größte Baumpflanzer fest: Wer hat die meisten Bäumchen eingesetzt <u>und</u> gegossen <u>und</u> zum Blühen gebracht?

4 Die Uckis kommen!

Verschiedenfarbiges
Tonpapier
Buntpapier
Butterbrotpapier
Schere, Klebstoff

Solche kleinen Fantasy-Geister kommen vielleicht von einem anderen Stern. Immer sind sie in Scharen unterwegs. Schau mal, wie leicht du die Uckis ausschneiden, und wie verschieden du sie falten und gestalten kannst.

Pause die nebenstehende Figur (A) auf ein gefaltetes Tonpapier und schneide sie aus. An 2 Stellen gibt es noch Extra-Einschnitte. Falten lassen sich alle Uckis, wie du willst. Nur die Füße biegst du immer nach vorn, dagegen die

Standfläche nach hinten. Mit bunten Papieren klebst du die uckigen Gesichter.

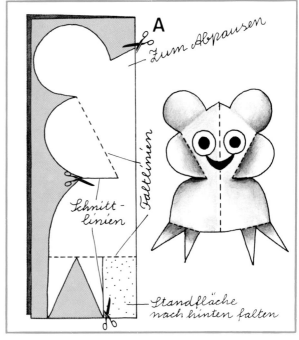

A

Zum Abpausen

Faltenlinien

Schnitt-linien

Standfläche nach hinten falten

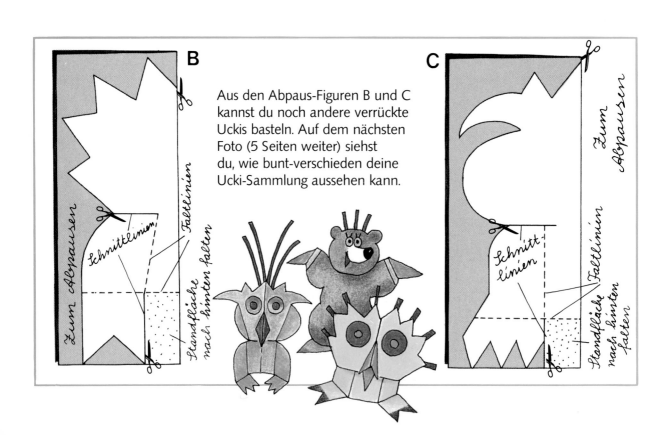

B

Zum Abpausen

Schnittlinien

Faltlinien

Standfläche nach hinten falten

Aus den Abpaus-Figuren B und C kannst du noch andere verrückte Uckis basteln. Auf dem nächsten Foto (5 Seiten weiter) siehst du, wie bunt-verschieden deine Ucki-Sammlung aussehen kann.

C

Zum Abpausen

Schnittlinien

Faltlinien

Standfläche nach hinten falten

5 Vogel, Katze und Giraffe

**Verschiedenfarbiges
Ton- und Buntpapier
Kreppapier
Butterbrotpapier
Filzstifte
leere Streichholzschachteln
Schere, Klebstoff, Klebefilm**

Alle Schachtel-Tiere haben einen kleinen,
geheimnisvollen Trick: Du kannst ihre Körper
öffnen und etwas darin verstecken – keiner wird
es finden.

Oder du nimmst ein Schachtel-Tier als ganz
besondere Verpackung für ein kleines Geschenk
(zum Beispiel zum Kindergeburtstag).

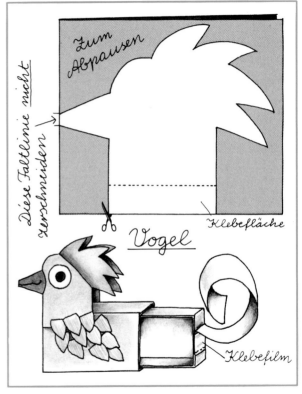

Zum Abpausen

Diese Faltlinie *nicht* zerschneiden

Klebefläche

Vogel

Klebefilm

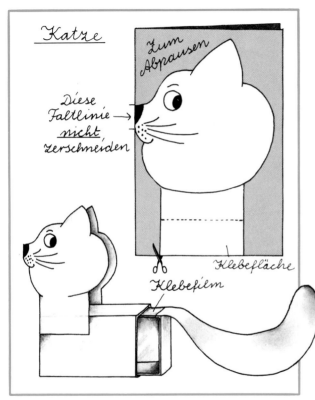

Katze

Zum Abpausen

Diese Faltlinie → nicht zerschneiden

Klebefläche

Klebefilm

Der Vogel

Zuerst faltest du ein Stück Ton- oder Buntpapier 1mal übereinander. Darauf paust du den Vogelkopf (von der vorigen Seite) und schneidest ihn aus. Dann klebst du den Kopf vorn und hinten an die quergestellte Streichholzschachtel, so wie es die Zeichnung zeigt. Schnabel, Auge und Kamm werden aus Buntpapier aufgeklebt oder aufgemalt. Die „Federn" für den Schachtelkörper schneidest du aus Kreppapier und klebst sie schuppenförmig auf.

Jetzt heftest du noch mit Klebefilm einen Schwanz an das Schachtelfach. Wenn du am Schwanz ziehst, öffnet sich die Schachtel.

Die Katze und die Giraffe

Diese beiden Schachtel-Tiere bastelst du nach den Zeichnungen von nebenan so ähnlich wie den Vogel. Die Muster auf den Tieren kannst du dir selber ausdenken.
Bei der Giraffe läßt sich das Schachtelfach nach unten herausziehen: Die Giraffe wächst!

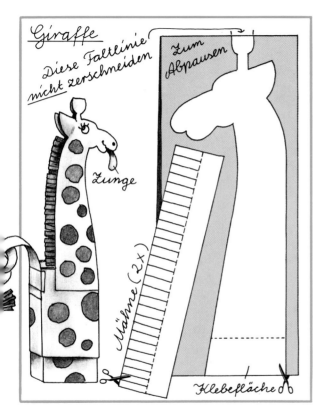

Giraffe

Diese Faltlinie nicht zerschneiden

Zum Abpausen

Zunge

Mähne (2×)

Klebefläche

6 Elefanten-Trompete

Buntes Schreibpapier
Butterbrotpapier
Filzstifte, Schere

Dieser Papier-Elefant kann so laut trompeten wie ein echter Elefant!

Pause den Elefanten und die Ohren (nächste Seite) auf ein gefaltetes Stück Schreibpapier. Schneide die Formen aus, klebe auf beide Seiten die Ohren an. Male Augen und Zehen auf. Zum Blasen preßt du die auseinandergeklappten Schwanzenden mit Zeige- und Mittelfinger an den Mund (siehe Foto auf dem Heftumschlag). Bläst du jetzt kräftig durch die beiden Finger in den Elefanten hinein, gibt es ein echtes, mächtiges Elefanten-Trompeten-Signal!

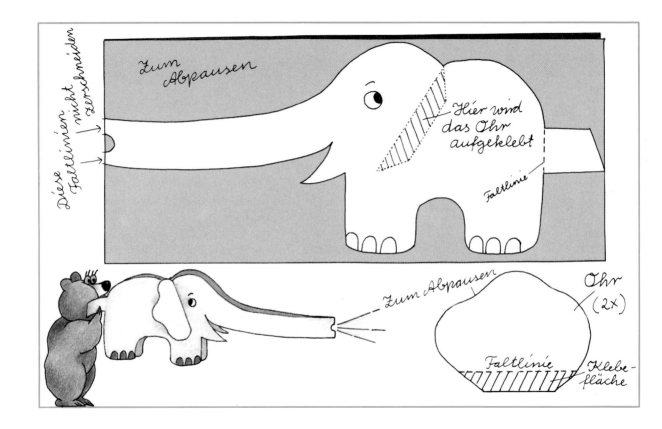

7 Henkelkörbchen

Verschiedenfarbiges Origami-
Faltpapier oder Tonpapier
Butterbrotpapier
Schere, Klebstoff

Einfach aus Buntpapier gebastelt – ein schönes
Henkelkörbchen: Zum Muttertag als Blumen-
körbchen. Zum Kindergeburtstag als Knabber-
körbchen. Zu Ostern als Eierkörbchen. Oder auch
zum Sammeln für deinen Krimskrams.

Die Zeichnungen zeigen dir, wie gefaltet (1 – 6),
was abgepaust (7), wo nach dem Auffalten 8mal
eingeschnitten (8) und wie zusammengeklebt wird
(9). Zum Schluß klebst du einen Papierstreifen als
Henkel ins Körbchen (10).

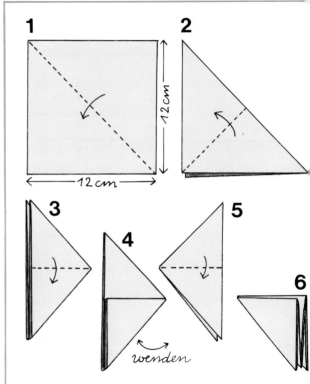

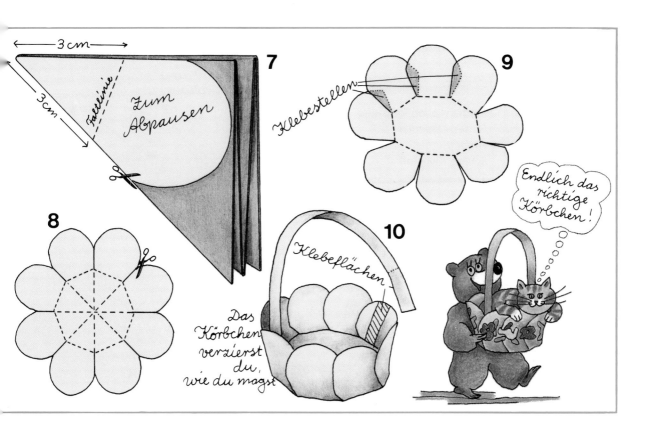

8 Die freche Schachtel

Zeichen- oder Tonpapier
Butterbrotpapier
Filzstifte
Schere, Klebstoff

Langsam entfaltest du die unscheinbare Schachtel:
Ein Gesicht schaut dich an – zwei Flügel breiten
sich aus und – Hokuspokus! – das Gesicht streckt
dir die Zunge raus. So eine freche Schachtel –
dabei ist sie nicht größer als eine Streichholzschachtel.

Auf der übernächsten Seite findest du für deine
Schachtel 3 Abpausmuster. Übertrage sie auf ein
Stück Zeichen- oder Tonpapier und schneide sie
aus. Nebenan siehst du die Zeichnungen 1–5,

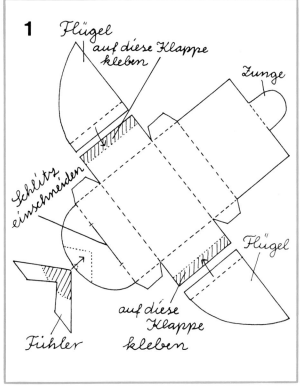

1

Flügel
auf diese Klappe kleben

Zunge

Schlitz einschneiden

Flügel

auf diese Klappe kleben

Fühler

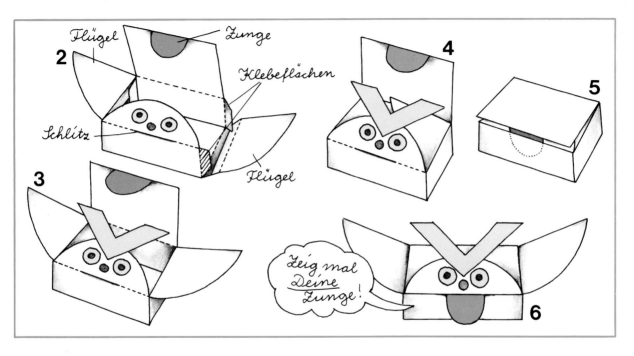

2 Flügel — Zunge — Klebeflächen — Schlitz — Flügel

3

4

5

6 Zeig mal Deine Zunge!

nach denen du weiterbasteln kannst. Zeichnung 1 zeigt dir die ausgeschnittenen 4 Einzelteile (alle Teile zeigen ihre Innenseite).

Mit einem stumpfen Gegenstand (Kugelschreiber) fährst du noch einmal auf allen Faltlinien entlang und drückst dabei etwas auf. So läßt sich das

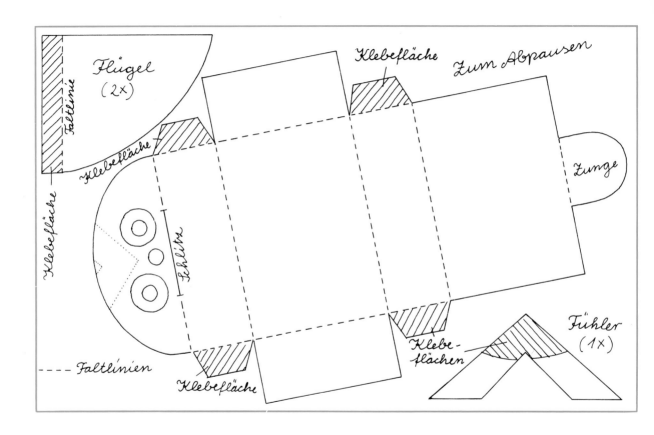

Flügel
(2x)

Klebefläche

Faltlinie

Klebefläche

Klebefläche

Zum Abpausen

Klebefläche

Zunge

Schlitz

Klebefläche

Klebeflächen

Fühler
(1x)

Faltlinien

Klebefläche

Kästchen besser zusammenfalten und kleben. Aber vor dem Zusammenkleben mußt du noch den kleinen Schlitz einschneiden und die beiden Flügel ankleben. Dann malst du das Gesicht auf die vordere Klappe. Die Zunge wird auf der Außenseite rosarot (Zeichnung 2 – 2 Seiten vorher).
Bei Zeichnung 3 ist die Schachtel schon zusammengeklebt. Auf die vordere Klappe sind auch die Fühler geklebt worden.

Die Zeichnungen 4 und 5 zeigen, wie du das Kästchen zusammenfalten und verschließen kannst: Erst die Flügel nach innen biegen, dann die vordere Klappe (Gesicht) nach hinten drücken. Zum Schluß die Zunge in den Schlitz stecken.

Bei Zeichnung 6 hat sich die Schachtel wieder entfaltet: Jetzt streckt sie ihre freche Zunge von hinten durch den Schlitz heraus!

9 Freßsäckchen und andere Tüten

Origami-Faltpapier
weißes Schreibpapier
Schere, Klebefilm, Klebstoff

Wer kann denn so viele, verschiedene Sachen verspeisen: Nüsse, Bonbons, Steinchen, Klicker, Mini-Autos, Popcorn und und und…?? Na, das sind die lustigen Freßsäckchen! Die bastelst du ganz einfach aus selbstgemachten Tüten.

Freßsäckchen können ganz verschieden groß sein. Für unser Beispiel brauchst du ein Stück Zeichen- oder Tonpapier, das 18 cm lang und 12 cm breit ist.

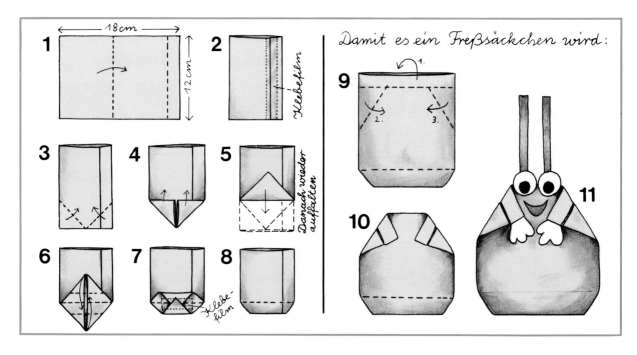

Die Zeichnungen 1–8 zeigen dir, wie du erst einmal eine Tüte falten und kleben mußt. Mit 3 weiteren Faltungen (Zeichnung 9 und 10) wird daraus ein Freßsäckchen, wenn du noch große Augen, Wimpern, Mund und Hände aus Buntpapier aufklebst (Zeichnung 11).

Die weiße Tüten-Maus

Eine Tüte kann sich auch in eine Maus verwandeln. Dazu faltest du aus weißem Schreibpapier (Größe 16 × 10 cm) die Tüte zunächst genauso zusammen wie bei dem Freßsäckchen. Dann beginnst du mit der Mäuse-Faltung nach den Zeichnungen 1 – 3 von nebenan.
Augen, große Ohren und Barthaare sind schnell ausgeschnitten und aufgeklebt (Zeichnung 4).

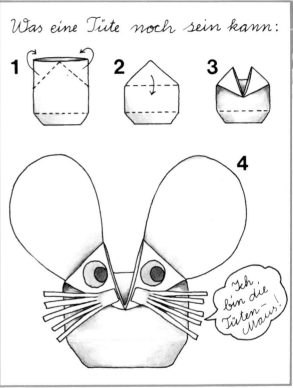

Was eine Tüte noch sein kann:

1 2 3

4

10 Meine Bastelbär-Wand

Packpapier
Buntpapier/weißes Papier
Seidenpapier
Zeitungspapier
Geschenkpapier
Staniolpapier
Schere, Klebstoff

Zum Schluß kannst du noch ein großes, buntes Bastelbild aus Papier kleben.
Wenn du es zusammen mit deinen Geschwistern oder Freunden bastelst, wird das sicher noch mehr Spaß machen.

Unser Beispiel (siehe Foto auf der übernächsten Seite) ist etwa 60 × 40 cm groß. Aber die Größe ist hier unwichtig. Du nimmst einfach ein Stück

Packpapier und beklebst es mit lauter verschiedenartigen, bunten Papierstücken – es entsteht ein kunterbunter Flickenteppich.

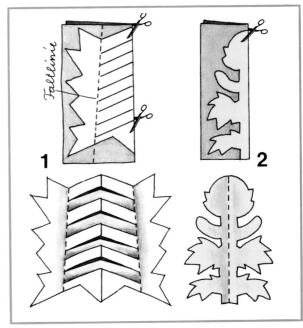

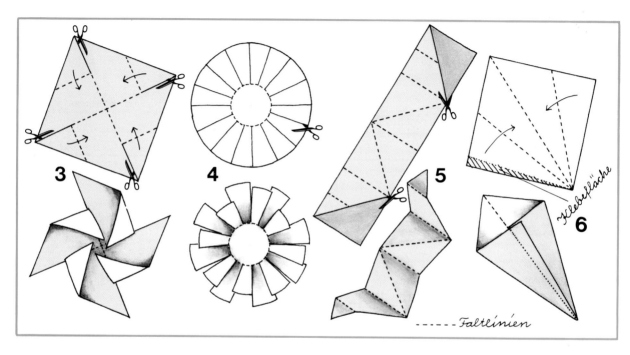

3

4

5

6

Klebefläche

------ Faltlinien

Dann verteilst du nach und nach alle möglichen Falt-, Schneide- oder Knautsch-Basteleien auf der bunten Wand. Die Zeichnungen 1–6 geben dir dafür ein paar Anregungen. Es können aber auch Fotos oder Aufkleber sein. Oder sonst noch Sachen, die auf die Bastelbär-Wand passen.

Und noch mehr vom Bastelbär

findest du im Sammelband

Mein großes Bastelbuch

Bunte Hefte zum Basteln und Spielen

Mein Geburtstag   Hier wird alles selbstge...
Bald ist Ostern   Bunte Osterbasteleien
Für kleine Indianer   Federschmuck, Tromm...
Für meine Ferien   Spiele, Rezepte und Bas...
Leuchtende Laternen   zum Selberbasteln
Bald ist Weihnachten   Wir schmücken und schenken...
Kleine Geschenke   für das ganze Jahr
Wir basteln mit Nüssen
Bastelspaß mit Pappe   ...Schachteln und Papier

Ravensburger Bastelbär
© 1987 by Ravensburger Buchverlag
Otto Maier GmbH
© 1985 by Otto Maier Verlag Ravensburg
Alle Rechte vorbehalten
Printed in Germany

11   10   9   92   91   90

Kirsch & Korn, Tettnang (Modelle, Text,
Gesamtgestaltung, 1 Umschlagfoto)
Ulrike Schneiders (Fotos)
Sabine Cuno (Redaktion)

Otto Maier Ravensburg

ISBN 3-473-37368-0

9 783473 373680